आगाज़

ग़ज़ल संग्रह

सुखवीर 'शिखर'

क्रम-सूची

क्रम-सूची

क्रम-सूची

भूमिका

सुखवीर 'शिखर' का यह प्रथम ग़ज़ल संग्रह है । मुझे गुरु होने के नाते ये बताने में कोई गुरेज़ नहीं कि सुखवीर ने सिफ़र से शिखर तक का सफ़र कैसे तय किया है । ग़ज़ल अपने आप में एक महान विधा है और इसमें महारत हासिल करने के लिए पूरी ज़िन्दगी भी कम है। कम उम्र में अच्छे व उम्दा अशआर कहना भी एक बड़ी उपलब्धि है और सुखवीर इस के लिए बधाई के पात्र हैं।

प्रिय पाठकों शायरी का सम्बंध सीधा दिल से होता है। अब ज़दीद शायरी सिर्फ़ इश्क़ और मोहब्बत तक नहीं रह गई है, उस का दायरा काफ़ी विस्तृत हो चुका है और आज के शायर सामाजिक मुद्दों पर व हर तरह के विषयों पर अशआर कहने में सक्षम हैं।

लीजिए सामाजिक मुद्दों पर आधारित 'शिखर' के कुछ अशआरों की वानगी पेश है -

कोठियों में हो गए तब्दील अब सब के मकाँ,
देखने को अब किसी भी घर बचा आँगन नहीं।
हमारे देश में दंगे कभी हरगिज़ नहीं होते,
अगर हिन्दू , मुसलमानों को भड़काया नहीं होता।
सियासत जैसे पेचीदा विषय पर 'शिखर' के यह बेहतरीन अशआर क़ाबिल ए ग़ौर हैं -
सदा कब रही है ये कुर्सी किसी की,
मेरी जाँ तुम्हें भी उतरना पड़ेगा।
ग़ज़ब के चोर , झूठे और हैं मक्कार भी जिनमें,
वो कहते हैं हमारे बाप - दादा इंक़लाबी थे।

भूमिका

शायर स्वभाव से संवेदनशील होता है तो संवेदनशीलता
विषय पर 'शिखर' का यह शे र देखिए -
आँखों से आँसू की बारिश होती रहती है,
जब कोई अपना आँखों से ओझल हो जाए।
ख़्वाहिशें अंनत होती हैं , इनकी कोई सीमा नहीं होती। इसी
विषय को मद्देनज़र करता 'शिखर' का ये बेहतरीन शे र देखिए

-

प्यास भी ग़ज़ब की थी पास ही समंदर था,
वावजूद इन सब के तिश्नगी अधूरी थी।
कितनी मासूमियत से शायर ने अपने दिल के जज़्बातों को
बयाँ किया है देखिए -
ग़लत जो किया वो है सब की ज़ुबाँ पर,
सही जो किया उस की चर्चा नहीं है।
शजर झुकते नहीं जो आँधियों में टूट जाते हैं,
यही सच जान कर के नर्म लहजा कर लिया हम ने।
ख़ून के आँसू बहाने पड़ते हैं इस के लिए,
ख़ार को गुलशन बनाना काम क्या आसान है।
जो दे दिया माँ-बाप ने हँस कर कुबूल था,
दो गज़ ज़मीं के वास्ते झगड़ा नहीं किया।
क्यों ग़रीब लोगों का ख़ून चूसते हो तुम,
क्या ग़रीब लोगों की ज़िन्दगी नहीं होती।
दार्शनिक अंदाज़ में शायर ने क्या ख़ूबसूरत शे र कहा है -
रहगुज़र गुनाहों की पुरकशिश तो है लेकिन,
इस डगर से इंसाँ की वापसी नहीं होती।
मोहब्बत शायरों का पसंदीदा विषय रहा है तो 'शिखर' भला
इस विषय पर कुछ कहने से अछूते क्यों रहें -

दिल के दुश्मन से दिल मिलाने की,
हम ने कोशिश तो की निभाने की।

अंत में यह बात ज़रूर स्पष्ट करना चाहूँगा कि इनके अशआरों को शायरी की कसौटी पर परखने से पाठकों को कुछ निराशा हाथ लग सकती है क्योंकि ये अभी सीखने के दौर में हैं और ज़ियादातर अशआर इन के निजी अनुभवों पर आधारित हैं जितना ज़ियादा शायरों को पढ़ते रहेंगे और इन की महफ़िलों से जुड़े रहेंगे उतना ही ज़ियादा सीखेंगे।

वैसे 'शिखर' ख़ुद भी यह स्वीकार करते हैं और यह इनकी विनम्रता है और मुझे इनका मुस्तक़बिल सुनहरा दिखाई दे रहा है।

शायरी करना तुम चाहते हो अगर,
शायरों की तरह सोचना चाहिए।

प्रथम ग़ज़ल संग्रह के लिए 'शिखर' को मेरी ओर से ढेरों हार्दिक शुभकामनाएँ और आशीर्वाद मैं इस नवोदित शायर के साथ हूँ और मैं शायरी के क्षेत्र में इनके बेहतरीन भविष्य की कामना करता हूँ।

बलजीत सिंह 'बेनाम'
(गीतकार , गायक , संगीतकार)

आमुख

मेरा यह ग़ज़ल संग्रह मेरी दादी स्वर्गीय श्रीमती भू देवी जी को समर्पित है क्योंकि वह अनपढ़ होने के बाद भी मुझे दोहा और कहावतें सुनाया करती थी और फिर उन का अर्थ भी बताया करती थी जिस के कारण मेरी साहित्य पढ़ने और लिखने में रुचि जागी उस के बाद मैं अपनी भावनाओं को कागज़ों पर उकेरता रहा।

फिर मेरी मुलाकात मेरे गुरु जी आदरणीय श्री बलजीत सिंह 'बेनाम' जी से हुई और उन्होंने मुझे फिर शायरी की बारीकियों से अवगत कराया और मुझे ग़ज़ल कहने के शिल्प को समझाया गुरु जी ने मुझे और मेरी शायरी को दुरुस्त करने के बहुत से प्रयास किये और शायद उन्हीं प्रयासों का ये परिणाम है कि आज मैं कुछ टूटा फूटा लिख पा रहा हूँ मैं ग़ज़लकार के रूप में अपनी पहचान बनाने में कितना सफल हुआ हूँ यह तो पाठकगणों का प्रेम और प्रतिक्रियाएँ ही बताएँगी

प्रस्तुत ग़ज़ल संग्रह आगाज़ के प्रकाशन के प्रेरणा स्त्रोत सखा स्वरूप बड़े भाई श्री अमर अद्वितीय बिसावर जी हैं जिन्होंने प्रस्तुत ग़ज़ल संग्रह को प्रकाशित कराने में मेरा बड़ा सहयोग किया है मैं उन के इस प्रयास और सहयोग का बहुत आभारी हूँ आगाज़ बेहतरीन ग़ज़लों का एक संग्रह है जिसमें मैंने ने अपने व्यक्तिगत जीवन से लेकर प्रेम , परिवार , सामाजिक , राजनीतिक , दार्शनिक और आध्यात्मिक विषयों को सम्मलित किया है मैंने प्रस्तुत ग़ज़ल संग्रह के माध्यम से यह प्रयास किया है कि मैं युवाओं से लेकर बुजुर्गों तक सभी आयु वर्ग के लोगों को अपनी रचनाओं से जोड़ सकूँ और सभी पाठकों के हृदय में अपने लिए थोड़ी सी जगह बना सकूँ और मेरा पाठक बंधुओं से यह

निवेदन है कि वह अन्य लेखकों का रिकॉर्ड भले न तोड़ें लेकिन कुछ सम्मान ज़रूर करें और खरीद कर इसे एक बार अवश्य पढ़ें आपको इसे पढ़ते समय बहुत आनंद आएगा और पढ़ कर आप अपनी प्रतिक्रिया ज़रूर दें जिन से मुझे और आगे लिखते रहने के लिए ऊर्जा मिलेगी ।

सुखवीर 'शिखर'

गाँव - बलरई , पोस्ट - बरारी

जिला - मथुरा (उत्तर प्रदेश)

PIN - 281005

बुद्ध पूर्णिमा सम्वत 2081

23 मई 2024

1. रोशनी के सामने

हार बैठा है महल इक झोंपड़ी के सामने,
दुश्मनी का दम घुटा है दोस्ती के सामने।

***

बन के अफ़सर आ गया है वो तुम्हारे शहर में,
कल जिसे ठुकरा दिया था नौकरी के सामने।

***

भूख मजबूरी ग़रीबी छीनती हैं जब सुकूँ,
ख़ुदकुशी भारी पड़ी है ज़िन्दगी के सामने।

***

चाँद तारे हीरे मोती कपड़े ज़ेवर कुछ नहीं,
ये सभी फ़ीके हैं तेरी सादगी के सामने।

***

दिल किसी भी काम में अब तो मेरा लगता नहीं,
कुछ नहीं भाता हमें अब शायरी के सामने।

***

चीन पाकिस्तान अमरीका वगैरह कुछ नहीं,
कौन टिक सकता है अब माँ भारती के सामने।

***

लाख मुश्किल हों 'शिखर' तुम हौसला मत हारना,
तीरगी की क्या चलेगी रोशनी के सामने।

2. अचानक दूर मत होना

बुला कर पास अब हम को अचानक दूर मत होना,
कमा कर चार पैसे तुम नशे में चूर मत होना।

***

न ख़ुद की फ़िक्र हो तुम को न हो माँ बाप की चिंता,
किसी के प्यार में इतने भी तुम मज़बूर मत होना।

***

जिसे सब पूजने आएं तुम्हें मूरत वो बनना है,
पड़े जब मार क़िस्मत की तो चकनाचूर मत होना।

***

तुम्हें मिट्टी के अन्दर से उगाना सोना आता है,
किसानी बेच कर अपनी कभी मज़दूर मत होना।

***

गिरो जब तुम बुलन्दी से न हो कोई तुम्हारा तब,
सफल हो कर भी तुम इतने कभी मग़रूर मत होना।

***

भले परदेश में रहना या रहना चाँद पे जा कर,
मेरे बच्चो कभी अपनी जड़ों से दूर मत होना।

***

उसूलों से 'शिखर' करना पड़े कोई जो समझौता,
ज़माने में कभी तुम इस तरह मशहूर मत होना।

3. बहुत बुरा हूँ मैं

सारी दुनिया से कुछ जुदा हूँ मैं,
इस लिए ही बहुत बुरा हूँ मैं।

***

सिर्फ़ सच बोलने की आदत से,
कितने दुश्मन बना चुका हूँ मैं।

***

मानता हूँ मैं क़द से छोटा हूँ,
फिर भी दिल से बहुत बड़ा हूँ मैं।

***

बेवफ़ा मुझ को मानने वालों,
सच तो ये है कि बावफ़ा हूँ मैं।

***

मैंने मंज़िल न देखी है हाँ बस,
उम्र भर रास्ता चला हूँ मैं।

***

आइना देख कर लगा ऐसा,
ख़ुद से कब से नहीं मिला हूँ मैं।

***

हर नज़र मुझ को घूरती है यूँ,
ऐसा लगता है बद्दुआ हूँ मैं।

4. कौन जाने

दोस्ती है या अदावत कौन जाने,
आदमी की अस्ल सूरत कौन जाने।

***

ढूँढ़ते फिरते हैं सब ख़ुशियाँ जहाँ में,
ज़िन्दगी है इक अज़ीयत कौन जाने।

***

चाहने वाले उसे तो सैकड़ों हैं,
है उसे किस से मोहब्बत कौन जाने।

***

जातियों धर्मों में सब को बाँट डाला,
क्या कराएगी सियासत कौन जाने।

***

इन के डीएनए में सच होता नहीं क्यों,
रहनुमाओं की हक़ीक़त कौन जाने।

***

हम को महफ़िल में कहा पागल किसी ने,
किस ने की ऐसी हिमाक़त कौन जाने।

***

ए 'शिखर' रिश्तों की कुछ तो कद्र कर तू,
किस को हो किस की ज़रूरत कौन जाने।

5. आम आदमी

अख़बार की ये बनती हर रोज़ सुर्ख़ियाँ हैं,
बेटों से लाख अच्छी होती ये बेटियाँ हैं।

***

जो मर गये हैं वो भी ज़िन्दा हैं काग़ज़ों में,
सिस्टम में यार अपने भी कुछ तो ख़ामियाँ हैं।

***

देखा है क्या किसी ने इन को कभी झगड़ते,
एक साथ कितनी बिल में रहती ये चींटियाँ हैं।

***

जब औरतों को देवी का रूप सब हैं कहते,
क्यों नारियों की लगती हर ओर मंडियाँ हैं।

***

सुनता नहीं ग़रीबों की कोई दास्ताँ अब,
दे दे के थक चुके हम हाक़िम को अर्ज़ियाँ हैं।

***

उन को ज़ुकाम हो तो दिल्ली है दौड़ पड़ती,
पर आम आदमी की सुनते न सिसकियाँ हैं।

***

वो झूठ बोल कर भी रहता है जब मज़े में,
सच के लिए 'शिखर' को क्यों देते धमकियाँ हैं।

6. दिल है पत्थर का

मुफ़लिसों की मौत पर होती तुम्हें तड़पन नहीं,
दिल है पत्थर का तुम्हारा जिस में है धड़कन नहीं।

***

आज के बच्चे दबे हैं पुस्तकों के बोझ से,
गाँव की गलियों में भी मिलता है अब बचपन नहीं।

***

कोठियों में हो गए तब्दील अब सब के मकाँ,
देखने को अब किसी भी घर बचा आँगन नहीं।

***

तोड़ कर रिश्तों के बंधन हम अकेले हो गए,
अब ज़माने में हमारा कोई भी दुश्मन नहीं।

***

आदमी के दिल में कुछ है और होठों पे है कुछ,
अब किसी भी शख़्स में बाकी है अपनापन नहीं।

***

दोस्तों से ले के पैसे लाया था तेरे लिए,
हाथ में अब क्यों तुम्हारे दिखते वो कंगन नहीं।

***

सब के सब पागल हैं देखो धन कमाने के लिए,
बैठ कर दो पल कभी करता कोई चिंतन नहीं।

7. क्या मिल जाएगा

क्या मिल जाएगा तुम को हम पर इल्ज़ाम लगाने से,
सूरज पर कुछ फ़र्क नहीं आता है धूल उड़ाने से।

***

झूठ नहीं सच हो जाएगा ऐसे शोर मचाने से,
बात उलझ भी सकती है इन बातों के सुलझाने से।

***

तुम तो शायद भूल गई होंगी वो बात जवानी की,
छत पर मिलने आते थे हम तुम से रोज बहाने से।

***

सब ने तुम को समझाया पर तुमने बात नहीं मानी,
चिड़िया चुग जब खेत गई अब क्या होगा पछताने से।

***

हर कोई जो खेल सके ये खेल नहीं बच्चों वाला,
रोज लड़ाई लड़नी पड़ती है ख़ुदगर्ज़ ज़माने से।

8. समझाना नहीं आता

वो जैसे चाहते हैं वैसे समझाना नहीं आता ,
हमें हर बात रो रो कर भी मनवाना नहीं आता।

***

यहाँ मशहूर हो जाने को सब क्या क्या नहीं करते,
मगर दुनिया की नज़रों में हमें आना नहीं आता।

***

करूँ अपराध क्यों ऐसा जो दुनिया नाम पर थूके,
हमें ग़द्दार माथे पे तो लिखवाना नहीं आता।

***

कभी ईमान का सौदा तो हम कर ही नहीं सकते,
हमें सिक्कों की खन खन पे तो मर जाना नहीं आता।

***

ज़रा क़ाबिल हुए क्या यार इठलाने लगे तुम तो,
हमें पा कर हुनर थोड़ा सा इतराना नहीं आता।

9. पागल हो जाए

जो आशिक तेरी आँखों से घायल हो जाए,
मुमकिन है एक दिन वो इंसाँ पागल हो जाए।

***

भारत फिर से सोने की चिड़िया हो जाए गर,
सत्ता की गलियों से ग़ायब दलदल हो जाए।

***

निदिया रानी आँखों से ग़ायब हो जाती है,
मन के सागर में कोई जब हलचल हो जाए।

***

दुनिया की रौनक़ ज़िन्दा औरत के दम से है,
वरना सारी दुनिया ही इक जंगल हो जाए।

***

आंखों से आँसू की बारिश होती रहती है,
जब कोई अपना आँखों से ओझल हो जाए।

10. तो अच्छा लगे

मेरे जीवन का बनो आधार तो अच्छा लगे,
दो मुझे तुम प्यार का अधिकार तो अच्छा लगे।

***

तीन सौ सत्तर हटा कर के बहुत अच्छा किया,
हों मगर बाज़ार भी गुलज़ार तो अच्छा लगे।

***

कर दिये तुम ने अमीरों के महल रोशन बहुत,
हक़ ग़रीबों का भी दो सरकार तो अच्छा लगे।

***

क्यों भला अब हो रहे माँ बाप से बच्चे जुदा,
साथ सब रहने लगें परिवार तो अच्छा लगे।

***

बात करते राम की पर काम सब रावण के हैं,
राम जैसा तुम करो व्यवहार तो अच्छा लगे।

***

बात करने से महज़ रिश्ते नहीं होते मधुर,
नफ़रतों की तोड़ दो दीवार तो अच्छा लगे।

***

अपनी नज़रों में तो ये दुनिया मेरा परिवार है,
सोच का तुम भी करो विस्तार तो अच्छा लगे।

11. कर लिया हम ने

वतन पर जान देने का इरादा कर लिया हम ने,
जला कर ख़ुद ही घर अपना उजाला कर लिया हम ने।

***

शजर झुकते नहीं जो आँधियों में टूट जाते हैं,
यही सच जान कर के नर्म लहज़ा कर लिया हम ने।

***

हमारे नाम से दुनिया तुम्हें बदनाम कर देगी,
यही सब सोच कर तुम से किनारा कर लिया हम ने।

***

बहुत अफ़सोस होता हैं हमें उस वक़्त पर अब भी,
भला क्यों झूठ का तेरे भरोसा कर लिया हम ने।

***

हुए बेघर बहुत सोचा कहाँ जाएं किधर जाएं,
तुम्हारे दिल को ही आख़िर ठिकाना कर लिया हम ने।

12. तुम्हारे फ़ैसलों से हुक्मरानों

ये अब कैसी सियासत हो रही है,
कि गुण्डों पे इनायत हो रही है।

***

लगे आरोप जिस पे रेप के हैं,
उसी की क्यों हिफ़ाजत हो रही है।

***

जिन्हें लाने पे मेडल दी ब धाई,
उन्हीं से अब शिक़ायत हो रही है।

***

जिन्हें जेलों में होना चाहिए था,
उन्हीं की अब हुक़ूमत हो रही है।

***

तुम्हारे फ़ैसलों से हुक्मरानों,
बहुत जनता ये आहत हो रही है।

***

नसीबों में नहीं रोटी हुनर के,
रसीलों की इबादत हो रही है।

***

ग़रीबों से वसूली कर के मुंसिफ़,
अमीरों को ही राहत हो रही है।

13. हमारे वोट का सौदा

ख़ुदा के सामने तुम से सनम इज़हार करते हैं,
तुम्हीं हो सिर्फ़ जिस से आजकल हम प्यार करते हैं।

***

हमारे देश के बच्चे समझते है जिन्हें हीरो,
मगर खुल कर जुए का वो सभी प्रचार करते हैं।

***

अगर चढ़ने लगे कोई सफलताओं की सीढ़ी पे,
जलन सब से ज़ियादा उस के रिश्तेदार करते हैं।

***

किया करते हैं चोरी लोग कुछ इज़्ज़त बचाने को,
मगर दौलत की ख़ातिर लूट इज़्ज़तदार करते हैं।

***

न हम हाक़िम की गिनती में न हैं मुखिया की गिनती में,
हमारे वोट का सौदा भी ठेकेदार करते हैं।

14. ज़िन्दगी अधूरी थी

सर्दियों के दिन थे वो धूप भी अधूरी थी,
बादलों के साये में रौशनी अधूरी थी।

***

रात भी न पूरी थी चाँदनी अधूरी थी,
बिन तेरे ज़माने की हर ख़ुशी अधूरी थी।

***

दुश्मनों से कहने को दोस्ती तो कर ली पर,
दुश्मनी के साये में दोस्ती अधूरी थी।

***

जानते हैं जीवन की मौत ही तो मंज़िल है,
मौत बिन यहाँ सब की ज़िन्दगी अधूरी थी।

***

प्यास भी ग़जब की थी पास ही समंदर था,
बावजूद इन सब के तिश्नगी अधूरी थी।

***

जब तलक नहीं खाई चोट हम ने जीवन में,
लाख कोशिशें की पर शायरी अधूरी थी।

15. गंगा बहाने जाएगा

किस में कितना दम है तुझ को सब पता चल जाएगा,
जंग के मैदान में तू सामने जब आएगा।।

***

बेच दे तू आज चाहे अपने पुरखों की जमीं,
बाद मरने के उन्हें फिर मुँह दिखा क्या पाएगा।

***

छोड़ कर तुम आ गए माँ बाप को वृद्ध आश्रम,
कल तुम्हारे लाडलों को भी चलन ये भाएगा।

***

आज जिस के वास्ते तू कर्म ऐसे कर रहा,
कल वही बेटा तुझे गंगा बहाने जाएगा।

***

राम के आदर्श पथ पर चल सके तो चल 'शिखर',
जीत कर इक रोज़ तू फिर आसमाँ पर छाएगा।

16. कोई इरादा नहीं है

हुआ कोई जग में हमारा नहीं है,
तभी तो किसी पे भरोसा नहीं है।

***

गले मौत को भी लगाना है मुश्किल,
मगर ज़िन्दा रहना भी आसां नहीं है।

***

मिटा पाए दुनिया से हस्ती हमारी,
हुआ ऐसा कोई भी पैदा नहीं है।

***

ग़लत जो किया वो हैं सब की ज़ुबाँ पर,
सही जो किया उस की चर्चा नहीं है।

***

ख़ुशी दे के तुझ को तेरे ग़म मैं ले लूँ,
ये सौदा कोई फ़ायदे का नहीं है।

***

करूँ तुम को रुसवा सभी की नज़र में,
मेरा ऐसा कोई इरादा नहीं है।

***

किया शाम चैकिन सुबह चैक आउट,
मेरा दिल है होटल का कमरा नहीं है।

17. कभी भूखे नहीं होंगे

अगर इस मुल्क़ के सब रहनुमा सच्चे नहीं होंगे,
तो फिर अच्छे दिनों के वायदे पूरे नहीं होंगे।

***

युवाओं को अगर तुम पाठ नफ़रत का पढ़ाओगे,
कभी इस देश के हालात फिर अच्छे नहीं होंगे।

***

करोगे तुम अगर परहेज़ बेटी को पढ़ाने से,
मेरा दावा है उन के हाथ फिर पीले नहीं होंगे।

***

ये भूरी आँखें , गोरे गाल उस पर रेशमी जुल्फें,
तुम्हारे रूप के क्या चाहने वाले नहीं होंगे।

***

अगर सरकार की मंशा ग़रीबी को मिटाना हो,
तो फिर फुटपाथ के बच्चे कभी भूखे नहीं होंगे।

18. कोशिशें जीतने की

बैठ मत मश्किलों से तू यूँ हार कर,
ग़म के दरिया को हिम्मत से तू पार कर।

***

जिन के कारण हुआ तेरा ये हाल है,
गलतियाँ फिर न तू वो ही हर वार कर।

***

मेरा दावा है मन्ज़िल मिलेगी तुम्हें,
कोशिशें जीतने की लगातार कर।

***

जो तुम्हें छोड़ कर ग़ैर की हो गई,
उस की ख़ातिर ज़वानी न बेकार कर।

***

लोग पूजेंगे तुझ को भी इक दिन 'शिखर'
ज्ञान का अपने थोड़ा सा विस्तार कर।

19. सोच को धिक्कार है

मारने को जो हमें तैयार है,
मित्र वो है ही नहीं ग़द्दार है।

***

आदमी को बाहुबल रब ने दिया,
औरतों का रूप ही हथियार है।

***

मंदिरों में क़ैद उस को कर दिया,
अब यहाँ भगवान भी लाचार है।

***

हार ने के डर से यूँ बैठो न तुम,
हार ही तो जीत का आधार है।

***

धर्म का चश्मा लगा कर देख लो,
देश कितना हो गया बीमार है।

***

हम सभी हैं कर रहे अभिनय यहाँ,
और निर्देशक बना करतार है।

***

बेटियों को नोंचते जो गिद्ध बन,
उन सभी की सोच को धिक्कार है।

20. सिर्फ़ हिंदुस्तान है

आदमी सच में बहुत नादान है,
कर रहा ख़ुद का ही बस गुणगान है।

***

आप की तो आप ही जानो मगर,
मेरे दिल में सिर्फ़ हिंदुस्तान है।

***

मुस्कराना चाहते हो सोच लो,
आप की क़ातिल बहुत मुस्कान है।

***

धन के पीछे चाहे जितना भाग लो,
आख़िरी मन्ज़िल मगर शमशान है।

***

गालियाँ उन की शहादत को न दें,
सैनिकों का बस यही सम्मान है।

***

सात जन्मों में चुकेगा भी नहीं,
बाप का बच्चों पे जो एहसान है।

***

सेज फूलों की नहीं है ये 'शिखर'
ज़िन्दगी एक जंग का मैदान है।

21. मेरी ज़रूरत रही

हम से उन को ही हरदम शिकायत रही,
ज़िन्दगी भर हमें जिन की चाहत रही।

***

पाप करते रहे उम्र भर जो यहाँ,
क्यों ख़ुदा की उन्हीं पे इनायत रही।

***

देश ने कुछ कमीनों को सब कुछ दिया,
हिन्द से फिर भी उन की बग़ावत रही।

***

जब मुलाक़ात उन से थी पहली हुई,
क्या बताएं हमारी जो हालत रही।

***

आग तो दुश्मनों ने लगाई बहुत,
दोस्ती फिर भी अपनी सलामत रही।

***

दो क़दम साथ चल कर हुए दूर यूँ,
आज तक उन से अपनी अदावत रही।

***

उस ने तब मुझे साथ अपने रखा,
जब तलक उस को मेरी ज़रूरत रही।

22. हँसता जा रहा हूँ

मैं अपनों से बिछड़ता जा रहा हूँ,
मगर फिर भी मैं हँसता जा रहा हूँ।

***

तुम्हें ठुकराऊँ या अपना बनाऊँ,
मैं किस उलझन में पड़ता जा रहा हूँ।

***

किसी की तो लगी ये बद्दुआ है,
मैं पत्तों सा बिखरता जा रहा हूँ।

***

सभी की देख कर फ़ितरत जहाँ में,
मैं अब पत्थर का होता जा रहा हूँ।

***

कभी जिन की नज़र में मैं था अच्छा,
मैं उन नज़रों से गिरता जा रहा हूँ।

***

मेरा तुम क़त्ल कर के क्या करोगे,
मैं अपने आप मरता जा रहा हूँ।

***

'शिखर' को और ग़म दे तू ख़ुदाया,
इन्हीं से मैं निखरता जा रहा हूँ।

23. मैं चुभता रहा हूँ

मैं हर इक बात पे रोता रहा हूँ,
इसी कारण तो मैं छोटा रहा हूँ।

***

मुझे ख़ुद से अलग कैसे करेगी,
मैं तेरी रूह का हिस्सा रहा हूँ।

***

वो मुझ से दूर जो बैठी हुई है,
मैं उसके हाथ का कँगना रहा हूँ।

***

उसे क्या याद भी आती है मेरी,
मैं जिस की याद में मरता रहा हूँ।

***

ख़ुदा जिन को समझता था मैं अपना,
उन्हीं की आँखों में चुभता रहा हूँ।

24. क्या कहें अब

दिल में थी जो हमारे वह बात क्या कहें अब,
समझे नहीं किसी ने जज़्बात क्या कहें अब।

***

पाले थे हमने जितने भी साँप आस्तीं में,
अपनी दिखा रहे वो औक़ात क्या कहें अब।

***

हम ने ज़माने भर में सब पे लुटाई ख़ुशियाँ,
फिर भी मिली हैं ग़म की सौगात क्या कहें अब।

***

किस दौर से गुज़र के है ये मुक़ाम पाया,
फ़ाके में कितनी काटी हैं रात क्या कहें अब।

***

हम यूँ नहीं हुए हैं बर्बाद दुनिया वालो,
सौ हाथ से लुटाई ख़ैरात क्या कहें अब।

***

गुरबत में भी हमारा छोड़ा न साथ उस ने,
कितनी रही है उस की सलवात क्या कहें अब।

***

क्यों खो गया 'शिखर' के मुखड़े का तेज़ यारो,
कितने बुरे रहे हैं हालात क्या कहें अब।

25. वफ़ा क्यों छोड़ दी

लड़कियों तुम ने भला शर्मो हया क्यों छोड़ दी,
हम तो थे ही बेवफ़ा तुम ने वफ़ा क्यों छोड़ दी।

***

जिन की बाजू के सहारे तुम ने दरिया पार की,
मंजिलों पे जाके उन की ही भुजा क्यों छोड़ दी।

***

इश्क़ में हम ने तुम्हारे क्या नहीं सजनी किया,
फिर भी हम को चाहने की कामना क्यों छोड़ दी।

***

तुम तो कहते थे कि सच का साथ दूँगा सिर्फ़ मैं,
फिर बुराई के लिए सदभावना क्यों छोड़ दी।

***

चाहता था तू 'शिखर' दुनिया में जीना चैन से,
रात दिन करता था फिर वो साधना क्यों छोड़ दी।

26. क्या कोई अच्छी बात है

सब से यूँ होना ख़फ़ा क्या कोई अच्छी बात है।
दिल किसी का तोड़ना क्या कोई अच्छी बात है,

***

हो गया हो ख़ुद जिसे एहसास अपने पाप का,
फिर उसे देना सज़ा क्या कोई अच्छी बात है।

***

लूटना है लूटिए जा कर अमीरे शहर को,
मुफ़लिसों को लूटना क्या कोई अच्छी बात है।

***

देवताओं की तरह जो पूजता हो आप को,
छोड़ना उस को भला क्या कोई अच्छी बात है।

***

देश का प्रधान जनता ने बनाया आप को,
अब उसे देना दगा क्या कोई अच्छी बात है।

***

हर किसी की ज़िन्दगी में दर्द हैं संघर्ष है,
मुश्किलों से टूटना क्या कोई अच्छी बात है।

***

मुखड़े पर जिस के 'शिखर' है एक भी धब्बा नहीं,
चाँद उस को बोलना क्या कोई अच्छी बात है।

27. ये सब आँखों का धोखा था

तेरी नज़रों में हम पहले से ही पागल अनाड़ी थे,
तेरी हर बात झूठी थी तेरे वादे सियासी थे।

***

ये सोचा था कि तू इस गाँव का नक़्शा बदल देगा,
ये सब आँखों का धोखा था तेरे दावे चुनावी थे।

***

ग़ज़ब के चोर झूठे और हैं मक्क़ार भी जिनमें,
वो कहते हैं हमारे बाप दादा इंक़लाबी थे।

***

कराते हैं जो ख़ुद की गिनतियाँ अक़्सर अमीरों में,
हक़ीक़त तो यही है उन के सब पुरखे भिखारी थे।

***

बग़ावत करने को है अब उतारू वो 'शिखर' हम से,
हमारे नाम के जो भी हुआ करते पुजारी थे।

28. क्यों नहीं देता

उसे अपनों का काला सच दिखाई क्यों नहीं देता,
वो बहरा तो नहीं है फिर सुनाई क्यों नहीं देता।

***

मुझे दुनिया की रस्में क़ैद खाने जैसी लगती हैं,
ख़ुदा इस क़ैद से मुझ को रिहाई क्यों नहीं देता।

***

कभी मैं भी लिखूँ अशआर जो मशहूर हो जाएं,
ख़ुदा मुझ को भी ऐसी तू बीनाई क्यों नहीं देता।

***

जिसे माँ बाप ने सब कुछ दिया ला कर कहीं से भी,
बुढ़ापे में वही बेटा दवाई क्यों नहीं देता।

***

कभी कोई पिता समझे न ख़ुद पर बोझ बेटी को,
ग़रीबों को ख़ुदा इतनी कमाई क्यों नहीं देता।

29. अच्छा नहीं किया

तुम ने हमारे साथ कुछ अच्छा नहीं किया ,
इस बात का फिर भी कभी शिक़वा नहीं किया।

***

जो दे दिया माँ बाप ने हँस कर क़ुबूल था,
दो ग़ज़ ज़मीं के वास्ते झगड़ा नहीं किया।

***

इक वक़्त खाके रोटियाँ भी ख़ुश रहे बहुत,
लेकिन कभी ईमान का सौदा नहीं किया।

***

मेरे ही दोस्त की हुई बीबी हो जब से तुम,
लब से तुम्हारे नाम का चर्चा नहीं किया।

***

हम ने निभाए वादे तुम तो तोड़ते रहे,
तुम ने तो हम से प्यार भी सच्चा नहीं किया।

***

जिस की निगाह के तीर से घायल हुए थे हम,
उस ने कभी भी प्यार का दावा नहीं किया।

***

माना 'शिखर' सच्चाई पर अड़ कर न रह सके,
लेकिन किसी के साथ में धोखा नहीं किया।

30. भरोसा तोड़ना आसान है

भूल जाएंगे तुम्हें कहना बड़ा आसान है,
पर अकेले ज़िन्दगी जीना भी क्या आसान है।

***

साथ सच्चाई का देना है बहुत मुश्किल मगर,
झूठ का लेकर सहारा दौड़ना आसान है।

***

मौसमों की साजिशें आँसू रुलाती हैं बहुत,
धरती से सोना उगाना कब रहा आसान है।

***

ख़ून के आँसू बहाने पड़ते हैं इस के लिए,
ख़ार को गुलशन बनाना काम क्या आसान है।

***

दिल किसी का जीतना ये काम है मुश्किल 'शिखर',
पर किसी का भी भरोसा तोड़ना आसान है।

31. कौन देखेगा

तुम्हारे रूप का ढलता सितारा कौन देखेगा,
जवानी देख ली सब ने बुढ़ापा कौन देखेगा।

***

यूँ सज धज कर के करवाचौथ पर छत पर न आ जाना,
अगर सब तुम को देखेंगे तो चंदा कौन देखेगा।

***

बुलाकर शादियों में दोस्तों को बोतलें दोगे,
तो फिर इन झूमते नागों का झगड़ा कौन देखेगा।

***

सियासत बाँटती है और बँट जाते हैं हम तुम सब,
तो फिर अपनों के मरने पर जनाज़ा कौन देखेगा।

***

जो हम से रश्क़ करते हैं उन्हें तुम ज़िन्दगी देना,
अगर ये मर गए तो अपना जलवा कौन देखेगा।

***

तुम्हारे इश्क़ के रोगी को है उपचार से मतलब,
भला इस रोग में सस्ता या महँगा कौन देखेगा।

***

'शिखर' की पाक नज़रों पर अगर पहरे बिठाओगी,
तुम्हारे रूप का दिलकश नज़ारा कौन देखेगा।

32. हैरान कर दिया

हालात ऐसे थे कि परेशान कर दिया,
पर मुश्किलों को रब ने यूँ आसान कर दिया।

***

ग़र तू नहीं होता तो मैं मुफ़लिस ही मर जाता,
लेकिन तेरे वजूद ने धनवान कर दिया।

***

तू जिस शजर की छाँव तले उम्र भर रहा,
क्यों काटने का उस को ही फ़रमान कर दिया।

***

वादों से उस की राख़ को अब मत कुरे दिये,
जिस ने वतन पे ज़ान को कुर्बान कर दिया।

***

दौलत कमाई जा सकेगी सिर्फ शहर में,
इस सोच ने ही गाँव को वीरान कर दिया।

***

संजीवनी देकर जिसे तुम ने बचाया था,
उस ने ही तुम से जंग का ऐलान कर दिया।

***

खानाबदोश हो के 'शिखर' जिस तरह जिया,
दुनिया को इस करिश्मे ने हैरान कर दिया।

33. ऐसा बशर है कोई

बात करने का अगर उसमें हुनर है कोई,
ऐसा लगता है दुआओं का असर है कोई।

***

चाँद को तोड़ के जो सच में ज़मीं पर लाये,
इस ज़माने में कहाँ ऐसा बशर है कोई।

***

उस का दावा है नहीं और कोई इस दिल में,
सच तो ये है कि उस के दिल में मगर है कोई।

***

देख के हाल यहाँ का तो लगा था ऐसा,
शाह मग़रूर का बरपाया कहर है कोई।

***

आप के गाँव की गलियों की फ़िज़ा ऐसी थी,
लग रहा था कि सितारों का नगर है कोई।

***

पाप की करने वाले लोग कमाई सुन लो,
साथ ले जाने की उस को न डगर है कोई।

***

ख़ुद की हस्ती को मिटा के जो उजाला कर दे,
क्या ज़माने में अभी ऐसा 'शिखर' है कोई।

34. अफ़सर मैं बन जाता

किसी क़ीमत पे मेरा प्यार यूँ ज़ाया नहीं होता,
मुझे दुनिया के लोगों ने जो ठुकराया नहीं होता।

***

हमारे देश में दंगे कभी हरगिज़ नहीं होते,
अगर हिन्दू , मुसलमानों को भड़काया नहीं होता।

***

किसी भी हाल में औरत कभी वैश्या नहीं बनतीं,
अगर मर्दों ने उन पर ज़ुल्म जो ढाया नहीं होता।

***

कभी लाचार बेबस और मैं पागल नहीं बनता,
मेरे महबूब ने मुझ को जो तड़पाया नहीं होता।

***

तभी लेकर सभी डिग्री बड़ा अफ़सर मैं बन जाता,
तुम्हारे प्यार के झाँसे में गर आया नहीं होता।

35. जागते हैं रात भर

नींद अब आती नहीं है जागते हैं रात भर,
लफ़्ज़ उन के कानों में अब गूँजते हैं रात भर।

***

ओढ़ कर घर में रजाई चैन से सोते हैं हम,
ठण्ड में सरहद पे सैनिक काँपते हैं रात भर।

***

कौन कहता है कि मैं तन्हा रहा करता हूँ अब,
चाँद तारे साथ मेरे जागते हैं रात भर।

***

दिलरुबा रहती हमारी घर के ही तो सामने,
बैठ कर खिड़की पे उस को ताकते हैं रात भर।

***

प्यार में उन के भला क्या-क्या नहीं हम ने किया,
छोड़ कर फिर क्यों गए वो सोचते हैं रात भर।

36. जनता तमाशाई लगे

भीड़ में भी हम को तन्हाई लगे,
ज़िन्दगी अब हम से उकताई लगे।

***

ज़ुल्म को यूँ ही सहा करती है ये,
अब हमें जनता तमाशाई लगे।

***

भेज कर दंगाइयों को जेल में,
कर रही सरकार भरपाई लगे।

***

जल गए हिन्दू,मुसलमानों के घर,
आग नेताओं ने दहकाई लगे।

***

आज उन से मिल के तो ऐसा लगा,
ज़िन्दगी अब आके टकराई लगे।

37. ज़ुल्म ढ़ाना छोड़ दो

दूसरों की हार पर ख़ुशियाँ मनाना छोड़ दो,
और अपने दर्द पर आँसू बहाना छोड़ दो।

***

क्या बिगाड़ा है किसानों ने किसी सरकार का,
तुम किसानों पर फ़क़त अब ज़ुल्म ढ़ाना छोड़ दो।

***

तुम अगर मेरी नहीं इस बात का कुछ ग़म नहीं,
ग़ैर से नज़रें मिला कर दिल जलाना छोड़ दो।

***

क्यों किसी को बेवज़ह बेघर किया करते हो तुम,
पंछियों का नीड़ शाख़ों से गिराना छोड़ दो।

***

चंद पैसों के लिए कितना गिरोगे तुम 'शिखर',
लीडरों के आगे पीछे दुम हिलाना छोड़ दो।

38. तुम्हें भी उतरना पड़ेगा

तुम्हें सब हदों से गुज़रना पड़ेगा,
अगर स्वर्ग चाहो तो मरना पड़ेगा।

***

किसानों की आवाज़ सुन लो नहीं तो,
चुनावों में भुगतान करना पड़ेगा।

***

सदा कब रही है ये कुर्सी किसी की,
मेरी जाँ तुम्हें भी उतरना पड़ेगा।

***

बहुत आज कल उड़ रहे हो हवा में,
तुम्हारे परों को क़तरना पड़ेगा।

***

ज़वानी नहीं है सदा रहने वाली,
बुढ़ापे से प्यारे गुज़रना पड़ेगा।

39. मोहब्बत मुबारक़

तुम्हें सारी दुनिया की दौलत मुबारक़,
हमें उस ख़ुदा की इबादत मुबारक़।

***

तुम्हीं भोगना राज महलों की सुविधा,
हमें तो हमारी ये ग़ुरबत मुबारक़।

***

हमारा तो तन मन वतन के लिए है,
हसीनों से तुम को मोहब्बत मुबारक़।

***

ग़रीबों को है दाल रोटी की चिंता,
अमीरों को दौलत तिज़ारत मुबारक़।

***

किसी को नहीं यार रोटी मयस्सर,
किसी को है व्यंजन की लज़्ज़त मुबारक़।

40. भारत बसाए हुए हैं

ज़माने के हम भी सताए हुए हैं,
मगर हम वो सब कुछ भुलाए हुए हैं।

***

उन्हें देख कर क्यों ये लगता है हम को,
कि अपनों से वो चोट खाए हुए हैं।

***

नहीं मान सकते उन्हें अज़नबी हम,
दिलों में जो भारत बसाए हुए हैं।

***

नहीं भीड़ में हैं सभी लोग हलधर,
जो हुड़दंग इतना मचाए हुए हैं।

***

उन्हें अपना नेता नहीं मान सकते,
जो आपस में हम को भिड़ाए हुए हैं।

41. आप रोते रहेंगे

सदा अपनी करनी पे रोते रहेंगे,
गुनाहों की गठरी को ढ़ोते रहेंगे।

***

कभी सिल-सिला ये रुका ही नहीं है,
यहाँ पाप होते थे होते रहेंगे।

***

भला उन को मन्ज़िल कहाँ मिल सकेगी,
ज़वानी में दिन भर जो सोते रहेंगे।

***

समर आम के तुम को कैसे मिलेंगे,
बबूलों को हरदम जो बोते रहेंगे।

***

दिखा कर हमें सपने अच्छे दिनों के,
ये भारत की नैया डुबोते रहेंगे।

42. मोहन भी ख़ुद दिवाना है

रोग अपना बड़ा पुराना है,
मुझ को पीना है या पिलाना है।

***

क्यों कमाते हो पाप की दौलत,
जब तुम्हें खाली हाथ जाना है।

***

उन से मिलने हमें नहीं देगा,
बीच दुश्मन बना घराना है।

***

आदमी लाख कोशिशें कर ले,
छोड़ कर दुनिया सब को जाना है।

***

ख़ुश ज़माने में है नहीं कोई,
सब का अपना कोई फ़साना है।

***

हम किसी शाह से नहीं डरते,
अपनी ठोकर में ये ज़माना है।

***

हम दिवाने हैं राधा रानी के,
जिन का मोहन भी ख़ुद दिवाना है।

43. होठों पे ला नहीं पाया

दर्द दिल का बता नहीं पाया,
माँ की अर्थी उठा नहीं पाया।

***

मैंने अपराध था किया ऐसा,
उन से आँखें मिला नहीं पाया।

***

मैंने जिन के लिए कही ग़ज़लें,
वो मैं उन को सुना नहीं पाया।

***

लाख कोशिश भी की मनाने की,
पर उन्हें मैं मना नहीं पाया।

***

वो भी मज़बूर हो गया होगा,
सच को होठों पे ला नहीं पाया।

***

कर्ज़ में साँस तक भी गिरवी थी,
खेत अपना बचा नहीं पाया।

***

लोग कहते हैं क्या किया तूने,
आज तक घर बना नहीं पाया।

44. मशहूर कर दो

हमें भी ख़ुदा थोड़ा मशहूर कर दो,
हमें गीत ग़ज़लों में मख़मूर कर दो।

***

कभी वो किसी और की हो न पाये,
उसे ए ख़ुदा खट्टे अंगूर कर दो।

***

उन्हें सारी दुनिया की दौलत नवाज़ो,
हमें बस हुनर से ही भरपूर कर दो।

***

मरे जिनका अपना करे वो ही दावत,
सभी बंद तुम ऐसे दस्तूर कर दो।

***

ख़ुदा भी रज़ा तेरी ख़ुद तुझ से पूछे,
ख़ुदा को यूँ करनी से मज़बूर कर दो।

45. मेरी आँखों में सिर्फ़ पानी है

मौत इक रोज़ सब को आनी है,
जान का क्या है जान जानी है।

***

मयकशी घुल गई है साँसों में,
ख़त्म होने लगी ज़वानी है।

***

मेरे होठों पे है हँसी लेकिन,
मेरी आँखों में सिर्फ़ पानी है।

***

उस के हिस्से गुलाब लिख डाले,
मेरे हिस्से में रात - रानी है।

***

उस ने तोड़ा है आज फिर से दिल,
उस की आदत वही पुरानी है।

46. बस्ती को बचाऊँ कैसे

तेरे एहसान जो मुझ पे हैं भुलाऊँ कैसे,
छोड़ कर तुझ को मैं इस मोड़ पे जाऊँ कैसे।

***

रूठ कर बैठा है महबूब मनाऊँ कैसे,
चाँद तारों से उस की माँग सजाऊँ कैसे।

***

आप को बाप से बढ़कर भी मैंने माना है,
बात ये आज बताऊँ तो बताऊँ कैसे।

***

आग की ज़द में है अब पूरी की पूरी बस्ती,
राख़ होने से मैं बस्ती को बचाऊँ कैसे।

***

मुझ को है देश की मिट्टी से मोहब्बत इतनी,
छोड़ कर देश में परदेश को जाऊँ कैसे।

47. तुम्हें मिट्टी में मिलना होगा

आग के दरिया से ख़ुद पार निकलना होगा,
प्यार इक आग है इस आग में जलना होगा।

***

लोग कहते हैं कि मंज़िल भी मिलेगी तुम को,
शर्त ये है कि तुम्हें काँटों पे चलना होगा।

***

यार तुम चाहो तो आकाश भी छू सकते हो,
बस तुम्हें जीने का अन्दाज़ बदलना होगा।

***

आप इस उम्र में गर कुछ भी न कर पाए तो,
आप को बाद में फिर हाथ ही मलना होगा।

***

काल के चक्र से बच कर के कहाँ जाओगे,
ख़ाक हो कर के तुम्हें मिट्टी में मिलना होगा।

48. ग़रीबों की बात हो

रोटी मकान और ग़रीबों की बात हो,
सीमा पे मरने वाले शहीदों की बात हो।

***

बच्चे बुराई छोड़ के अच्छाई अपना लें,
इस दौर में ऐसे ही सलीकों की बात हो।

***

मरते हुए मरीज़ को जो छोड़ते नहीं,
जो लूटते हैं ऐसे हक़ीमों की बात हो।

***

उन से हमारे कैसे मरासिम थे छोड़िए,
अब क्यों हमारे बिगड़े नसीबों की बात हो।

***

जो हैं रईस ख़ानदानी उन को क्या कहें,
ताज़ा बने हैं ऐसे रईसों की बात हो।

49. प्यार की फ़स्ल ज़माने

फ़ासले दिल के हैं जो उन को मिटाकर देखो,
प्यार की फ़स्ल ज़माने में उगाकर देखो।

***

कोई हिन्दू न मुसलमान नज़र आएगा,
धर्म की धूल को आँखों से हटाकर देखो।

***

कितने मज़बूर हैं फुटपाथ पे सोने वाले,
सर्द रातों में ऐसे रात बिताकर देखो।

***

तोड़ कर चाँद को क़दमों में तेरे रख देंगे,
ज़ान हम पर भी कभी प्यार जताकर देखो।

***

मन को कितना ही सुकूँ मिलता है इससे बच्चो,
बूढ़े माँ - बाप के तुम पाँव दबाकर देखो।

50. भरोसा इतना करते थे

भरोसा इतना करते थे तेरे वादों पे मरते थे,
तेरी यादों में रोते थे मोहब्बत इतनी करते थे।

***

अगर खाते समय आए कोई खाना छुपाते हैं,
पुराने लोग थे मिल बाँट कर सब पेट भरते थे।

***

नई पीढ़ी में तो अब जेल जाना बन गया फ़ैशन,
बड़े बूढ़े पुलिस थानों में जाने से भी डरते थे।

***

हमारी पाक़ नज़रों पर कभी तुम शक़ न कर बैठो,
तुम्हारे सामने नज़रें झुका कर के गुज़रते थे।

***

अभी तो बारिशों में भी ज़मी गीली नहीं होती,
'शिखर' पानी नज़र आता था जब बादल बरसते थे।

51. ख़ुदकुशी कैसे कहूँ

भूख से मरती है जनता ख़ुदकुशी कैसे कहूँ,
देख कर हालात ऐसे शायरी कैसे कहूँ।

***

आप से कर के मोहब्बत मैं हुआ मशहूर हाँ,
प्यार में मिलती है सब को तीरगी कैसे कहूँ।

***

प्यार में मेरे ओ जानम क्या नहीं तूने किया,
रूठ जाने को तेरे मैं बेरुख़ी कैसे कहूँ।

***

आचरण से जो दिखाई दे रहे हैं जानवर,
आप ही बोलो उन्हें मैं आदमी कैसे कहूँ।

***

बिन तुम्हारे ज़िन्दगी लगती अंधेरी रात थी,
रात की इस तीरगी को रौशनी कैसे कहूँ।

52. चाहत न मिल सकी

मिल ने की उन से हम को इज़ाज़त न मिल सकी,
जिस पर था हक़ हमारा वो चाहत न मिल सकी।

***

अब ख़त्म कर रहा हूँ मैं मर्ज़ी से ज़िन्दगी,
जीने की कोई मुझ को ज़रूरत न मिल सकी।

***

क़ानून से यूँ हार के मरते हैं लोग क्यों,
अख़बार में भी उन की हक़ीक़त न मिल सकी।

***

हम पाक़ में से सैनिकों के सर न ला सके,
उन सैनिकों के शव को अक़ीदत न मिल सकी।

***

कुछ लोग तो यूँ ही यहाँ मशहूर हो गए,
हम को ग़ज़ल सुना के भी इज़्ज़त न मिल सकी।

53. ये हक़ीक़त मेरे फ़साने की

दिल के दुश्मन से दिल मिलाने की,
हम ने कोशिश तो की निभाने की।

***

तेरी आदत है भूल जाने की,
क्या ज़रूरत है सच छुपाने की।

***

जिन को दौलत मिली विरासत में,
उन को फिर क्या पड़ी कमाने की।

***

वो ख़ुशी हम को दे नहीं सकते,
उन की आदत है बस रुलाने की।

***

झूठ से सच ने मात खाई है,
ये हक़ीक़त मेरे फ़साने की।

***

कौन सूरज से प्यार करता है,
सब को चाहत है चाँद पाने की।

***

अपनी बेटी ही क्यों पराई है,
कैसी रस्में हैं इस ज़माने की।

54. क्यों रूठा हुआ है

वो हम से रूठ कर बैठा हुआ है,
ज़रा उस को ये पूछो क्या हुआ है।

***

ये बीमारी है सब की जाँ पे भारी,
जो मातम हर जगह फैला हुआ है।

***

भला क्यों सोच के ख़ुश है ये इन्सा,
हमें बेटी नहीं बेटा हुआ है।

***

यहाँ इंसान की बातें करें क्या,
फ़िज़ा का रंग भी बदला हुआ है।

***

मैं क्या हूँ क्यों तेरा दुश्मन बनूँगा,
तेरी आँखों को कुछ धोखा हुआ है।

***

तुम्हारे काम का है ही नहीं अब,
हमारा दिल बहुत टूटा हुआ है।

***

बिना तेरे नहीं लगता है ये दिल,
ऐ मेरे यार क्यों रूठा हुआ है।

55. चाँद तन्हा कभी नहीं छोड़ा

हर घड़ी आप की ज़रूरत थी,
दिल में बस आप की मोहब्बत थी।

***

जिस को अपना समझ रहा था तू,
वो किसी और की अमानत थी।

***

उस की ख़ातिर जहाँ से लड़ बैठा,
हम ने कैसी ये की हिमाक़त थी।

***

कर के वादा न आप आए फिर,
आप से बस यही शिक़ायत थी।

***

साथ उस दौर में दिया तुम ने,
मेरे सर पर न कोई जब छत थी।

56. ज़माने गुज़र गए

दिल से उन्हें भुलाए ज़माने गुज़र गए,
होठों को मुस्कराए ज़माने गुज़र गए।

***

अपने ही घर में आए ज़माने गुज़र गए,
हाथों से माँ के खाए ज़माने गुज़र गए।

***

दुश्मन से कोई जंग अभी होनी चाहिए,
खूँ की नदी बहाए ज़माने गुज़र गए।

***

क़ानून से वो बच के सदा भागता रहा,
बच्चों को भी खिलाए ज़माने गुज़र गए।

***

सूनी पड़ी है यार के महलों की खिड़कियाँ,
खिड़की पे चाँद आए ज़मान गुज़र गए।

57. आराम दिल को है मिला

ख़त्म हाँ आख़िर अँधेरा हो गया,
देखिए फिर से सवेरा हो गया।

***

चाह दुश्मन की बुरा करने की थी,
पर मेरी क़िस्मत से अच्छा हो गया।

***

आज कुछ आराम दिल को है मिला,
रिश्ता जब बेटी का पक्का हो गया।

***

वक़्त ने हम से किया है कुछ दगा,
जो कभी मेरा था तेरा हो गया।

***

आज बरपाया सितम किस शख़्स ने,
जो अचानक शहर दरिया हो गया।

***

झूठ उस ने इस तरह सब से कहा,
सारी दुनिया को भरोसा हो गया।

***

माँ के हिस्से में तो कुछ आया नहीं,
भाईयों में आधा - आधा हो गया।

58. ख़ौफ़ फैला रहे वो दुनिया में

सब को होता है जिस जहाँ से गुरेज़,
मैं भी रखता हूँ बस वहाँ से गुरेज़।

***

ख़ौफ़ फैला रहे वो दुनिया में,
जिन को है चैन ओ अमाँ से गुरेज़।

***

बेचना इसलिए भी चाहते हो,
कुछ तो है तुम को इस मकाँ से गुरेज़।

***

बोल सब तीर बन के चुभते हैं,
यार कर लो ज़रा ज़बाँ से गुरेज़।

***

बन के दुल्हन ये घर सजाना है,
जान करती हो क्यों यहाँ से गुरेज़।

59. आप ज़िन्दा कहाँ हैं यार

आप क्या ख़ाक वतन के लिए कर जाओगे,
मौत गर सामने होगी भी तो डर जाओगे।

***

आप क्यों मौत के ही नाम से डर जाते हो,
आप ज़िन्दा कहाँ हैं यार जो मर जाओगे।

***

यार तुम ज़ुल्म ग़रीबों पे ढ़हाते क्यों हो,
लोग जब बददुआ देंगे तो किधर जाओगे।

***

यार क्यों पाप की दौलत को ही घर लाते हो,
आप कुछ काम करो नेक तो तर जाओगे।

***

यार क्यों चूर नशे में ही रहा करते हो,
सब लुटा रोड पे बच्चों को ही कर जाओगे।

***

क्यों ग़रीबों का ही खूँ चूस के घर भरते हो,
जोड़ कर पाप का धन तुम तो गुज़र जाओगे।

***

आज तुम ख़ूब ज़माने में चलो चालाकी,
यार क़िस्मत से भला बच के किधर जाओगे।

60. हे राम जग में अब तो

हे राम जग में अब तो कोई नहीं हमारा,
अब हो गए अकेले कोई नहीं सहारा।

***

इस पेट की ही ख़ातिर घर छोड़ के आया था,
क्यों भूख से तड़पकर के मर गया बिचारा।

***

आँखें हुई हैं जख़्मी अब देख के ये मन्ज़र,
कुछ लोग खा के जूठन हैं कर रहे गुज़ारा।

***

रातों को जागते हैं हम उन को याद कर के,
दिल तोड़कर हमारा जो कर गए किनारा।

***

दुश्मन ने जब हमारा पूछा पता था उन से,
वो दूर हट गए थे कर के इधर इशारा।

61. मुश्किलों में भी मुस्कराओगे

उस को इक बार देख लोगे तो,
छोड़ कर गाँव फिर न जाओगे।

***

राम का नाम जपने लग जाओ,
मुश्किलों में भी मुस्कराओगे।

***

हाल दिल का सुना न पाओगे,
आँख जब उन से तुम मिलाओगे।

***

तुम कभी पा सके न मन्ज़िल को,
हम को क्या रास्ता दिखाओगे।

***

आज मेरी हँसी उड़ाते हो,
कल मेरे गीत गुन गुनाओगे।

***

काम कुछ ऐसे कर रहे हो तुम,
नाक माँ - बाप की कटाओगे।

***

रौब माँ - बाप को दिखाते हो,
कर्ज़ उन का चुका न पाओगे।

62. मैं मनाता ही रह गया

अधिकार उन पे अपना जताता ही रह गया,
मैं प्यार वाली बातें सुनाता ही रह गया।

***

दुल्हन बना के उस को कोई और ले चला,
मैं सपने उस के दिल में सजाता ही रह गया।

***

वादों पे उन के हम को भरोसा नहीं है अब,
वो रूठते रहे मैं मनाता ही रह गया।

***

मुझ को सज़ा दी उस ने पुराने गुनाह की,
मैं आँसुओं की गंगा बहाता ही रह गया।

***

वो हार बन के उस के गले में भी सज चुका,
मैं मन की चाहतों को छुपाता ही रह गया।

63. दुआ वो ऐसे करती है

दुआ वो ऐसे करती है कि कुछ होने नहीं देती,
किसी क़ीमत पे वो मुझ को कभी रोने नहीं देती।

***

उसे बेटी की शादी की बहुत चिन्ता सताती है,
इसी की फ़िक्र उस को रात भर सोने नहीं देती।

***

कटे हैं हाथ सब्जी काटने में मेरी मैया के,
मगर कपड़े मुझे फिर भी कभी धोने नहीं देती।

***

हमारी ज़ान हम से रूठकर बैठी है वो देखो,
यही इक बात हम को रात भर सोने नहीं देती।

***

मेरी पहचान दुनिया में कभी की खो चुकी होती,
दुआ माँ की मेरी पहचान को खोने नहीं देती।

64. ख़्वाहिश हो रही है

हमें उन की ही ख़्वाहिश हो रही है,
तभी तो आज़माइश हो रही है।

***

ख़ुदा से कुछ गुज़ारिश की थी मैंने,
तभी तो ये नवाज़िश हो रही है।

***

मुझे मुद्धा बनाया जा रहा क्यों,
यक़ीनन कोई साज़िश हो रही है।

***

हमारी दोस्ती थी उन से पहले,
मगर अब उन से रंजिश हो रही है।

***

सुखों की बात वो करते नहीं अब,
ग़मों की बस नुमाइश हो रही है।

65. मैं ख़ुद को आज़माना

नए ग़म फिर उठाना चाहता हूँ,
मैं ख़ुद को आज़माना चाहता हूँ।

***

ज़माने में तो ग़म बिखरे पड़े हैं,
मैं बस हँसना - हँसाना चाहता हूँ।

***

मुझे तुम भूल जाओ इस से पहले,
मैं ख़ुद तुम को भुलाना चाहता हूँ।

***

मेरे दिल में नहीं है और कोई,
मैं तुम को ये बताना चाहता हूँ।

***

मुझे दुनिया ने ठुकराया था एक दिन,
मैं दुनिया को झुकाना चाहता हूँ।

66. नहीं किसी का भी कोई होता

मैं उन को ग़ज़लें सुना रहा हूँ,
किसी तरह ग़म भुला रहा हूँ।

***

नहीं किसी का भी कोई होता,
यही मैं सब को बता रहा हूँ।

***

मुझे रुलाती हैं जो भी यादें,
उन्हें मैं दिल से मिटा रहा हूँ।

***

सभी से सच बात बोलकर मैं,
जहाँ को दर्पण दिखा रहा हूँ।

***

यहाँ है झूठों का बोल बाला,
मैं सच की क़ीमत चुका रहा हूँ।

67. ख़ुदा भी रूठकर हम से

भरी महफ़िल में तुम से आँख हम कैसे मिला पाऐं,
हमारे दिल में बस तुम हो भला कैसे दिखा पाऐं।

***

ख़ुदा भी रूठकर हम से कहीं जा कर के बैठा है,
हमें तरक़ीब दो ऐसी ख़ुदा को हम मना पाऐं।

***

हमें आशिक बनाकर तुम कहीं पागल न कर देना,
ख़ुदा तालीम दो ऐसी लगी दिल की बुझा पाऐं।

***

हमारे दिल हमारे प्यार की जिन को नहीं चिंता,
बताओ कैसे उन से प्यार का रिश्ता निभा पाऐं।

***

हमारी ज़ान के दुश्मन ज़माने में हजारों हैं,
बताओ कैसे उन से दुश्मनी को हम मिटा पाऐं।

68. देश को बचाने को

यही तो बात बतानी थी इस ज़माने को,
करो कोई तो जतन देश को बचाने को।

***

करो न प्यार हसीनों से टूट कर इतना,
कहीं न लूट लें ये उम्र के ख़जाने को।

***

मुझे नहीं है किसी से कोई गिला शिकवा,
अगर रखूँ भी तो फिर कौन है मनाने को।

***

सभी के सामने सच तुम ने बोल डाला है,
नहीं बचा है कोई राज़ अब छुपाने को।

***

मुझे पता था कि दुनिया मुझे सताएगी,
मिला हूँ मैं ही ज़माने को बस सताने को।

69. हैं सभी मुर्दा यहाँ

देख कर मज़बूरी जिन की हम दया कर जाते हैं,
वो हमें बेबस बना क्यों ग़ैर के घर जाते हैं।

***

उन के बच्चे इस जहाँ में कुछ नहीं कर पाएंगे,
बाप दादा ख़ूब जिन के दौलतें धर जाते हैं।

***

पाप की काली कमाई वो सभी खाते रहे,
बाप के कर्मों के फल बच्चों के सर पर जाते हैं।

***

सामने दुनिया के अब हम सच नहीं कह पाएंगे,
क्योंकि सच का देख कर अंजाम हम डर जाते हैं।

***

हैं सभी मुर्दा यहाँ ज़िन्दा कोई दिखता नहीं,
आत्मा होते हुए भी जीते जी मर जाते हैं।

70. वक़्त तो लगता है

सच के होठों को सिलने में वक़्त तो लगता है,
आँखों से आँसू बहने में वक़्त तो लगता है।

***

दुनिया की हर मुश्किल आसाँ होगी पर ठहरो,
मुश्किल को आसाँ करने में वक़्त तो लगता है।

***

सपने सच्चे होने के सब ख़्वाब सजाते हैं,
सपनों को भी सच करने में वक़्त तो लगता है।

***

राधा ने जन्मों तक उन का नाम जपा होगा,
मोहन की राधा बनने में वक़्त तो लगता है।

***

दो बातें हो जाने भर से प्यार नहीं होता,
दिलबर के दिल में बसने में वक़्त तो लगता है।

71. कहीं कुछ हो न जाए

कहीं कुछ हो न जाए तुम को वो ये सोचता होगा,
मेरे सपनों में आने से भी तुम को रोकता होगा।

***

परेशाँ है दुखी है और वो बेचैन रहता है,
किये जो कर्म उन के फल को वो अब भोगता होगा।

***

कभी वो बूढ़ा घर के लोगों को अच्छा नहीं लगता,
ग़लत बातों पे घर में जो सभी को टोकता होगा।

***

किसी हीरे के जैसा होगा उस इंसान का भी दिल,
जो सच को हर किसी के मुँह पे हर दम बोलता होगा।

***

ख़ुदा बन कर जो बैठा है उसे भी इल्म है इस का,
वो सच या झूठ को मीज़ान में रख तौलता होगा।

72. यार फूलों को क्यों

यार फूलों को क्यों तोड़ते हो भला,
हम को राहों में क्यों छोड़ते हो भला।

***

तुम तो कमज़ोर पहले भी इतने न थे,
हाथ दुश्मन से क्यों जोड़ते हो भला।

***

ले के सरकारी आदेश हाथों में तुम,
घर ग़रीबों का क्यों तोड़ते हो भला।

***

तुम नगर आये थे ले के सपने बड़े,
गाँव में अब क्यों रुख़ मोड़ते हो भला।

***

काम रावण के जैसे हैं तुम ने किए,
नाम क्यों राम से जोड़ते हो भला।

73. चाँदनी में वो नहाकर आ गए

चाँदनी में वो नहाकर आ गए,
सारे ग़म अपने मिटाकर आ गए।

***

हम नहीं थे कुछ भी उस के सामने,
पर उसे आँखें दिखाकर आ गए।

***

बेवफ़ा की सब हक़ीक़त जान कर,
हाथ अपना हम छुड़ाकर आ गए।

***

कोई करता है दुआ मेरे लिए,
मौत से आँखें चुराकर आ गए।

***

जब कभी महसूस बेचैनी हुई,
बारिशों में हम नहाकर आ गए।

***

वो जो कहता है कभी करता नहीं,
आइना उस को दिखाकर आ गए।

***

बोझ जब दिल पर हमें अपने लगा,
फूल मंदिर में चढ़ाकर आ गए।

74. ज़िन्दगी नहीं होती

अब किसी से भी अपनी दुश्मनी नहीं होती,
फिर भी क्यों हसीं अपनी ज़िन्दगी नहीं होती।

***

रहगुज़र गुनाहों की पुरकशिश तो है लेकिन,
इस डगर से इंसा की वापसी नहीं होती।

***

देश ने बताओ तो क्या नहीं दिया तुम को,
फिर वतन से क्यों तुम को बंदगी नहीं होती।

***

क्यों ग़रीब लोगों का ख़ून चूसते हो तुम,
क्या ग़रीब लोगों की ज़िन्दगी नहीं होती।

***

गाँव के तो पत्थर भी हम से बात करते हैं,
शहर के तो फूलों में ताज़गी नहीं होती।

75. अपने घर ज़िन्दगी भर

रुलाएगा जिस को सफ़र ज़िन्दगी भर,
न पहुँचेगा वो अपने घर ज़िन्दगी भर।

***

जिन्हें तुम ने सींचा लहू अपना दे के,
वो देंगे तुम्हें अब समर ज़िन्दगी भर।

***

रहे काटने में इन्हें वो ही अव्वल,
लगाते रहे जो शजर ज़िन्दगी भर।

***

उसे यार ज़िन्दा नहीं मानता मैं,
रहा मौत का जिस को डर ज़िन्दगी भर।

***

करोड़ों कमा लेती है कैसे दुनिया,
न आया हमें ये हुनर ज़िन्दगी भर।

76. ऐसा कलंदर कहाँ है

ख़ुदा का किसी को भी अब डर कहाँ है,
कभी हद में रहते समंदर कहाँ है।

***

ज़माने पे जिस की थी चलती हुकूमत,
बचा मौत से वो सिकन्दर कहाँ है।

***

ज़रा देखिए लीडरों की नज़र से,
यहाँ पर दुखी कोई हलधर कहाँ है।

***

जिसे देख कर दिल को मिलता सुकूँ हो,
नज़र आता ऐसा अब मन्ज़र कहाँ है।

***

लुटा दे जो सब कुछ ग़रीबों की ख़ातिर,
ज़माने में ऐसा कलंदर कहाँ है।

77. बच्चों के साथ-साथ

पतझड़ के टूटते हुए पत्तों के साथ-साथ,
ख़ुशियाँ चली गई हैं बहारों के साथ-साथ।

***

ख़ुद तुम भी भूल जाओगे दुनिया के सारे ग़म,
बच्चे तो बन के देखिए बच्चों के साथ-साथ।

***

ख़ुद ही बताओ दुनिया में कैसे जिएंगे आप,
सब अपनों से भी लड़ लिए ग़ैरों के साथ-साथ।

***

अब साथ भी किसी का गवारा नहीं मुझे,
मैं जी रहा हूँ आप की यादों के साथ-साथ।

***

सम्मान सब करेंगे ज़माने में आप का,
आदर बड़ों का कीजिए छोटों के साथ-साथ।

78. ज़िन्दगी तुम ने गुज़ारी

ज़िन्दगी तुम ने गुज़ारी दुश्मनी में,
क्या मिला तुम को अना से ज़िन्दगी में।

***

काम तो तुम को भी बेटा करना होगा,
यूँ फ़िरोगे बेसबब कब तक गली में।

***

आदमीयत खो गई क्या इस जहाँ से,
लाश इतनी बह रही हैं जो नदी में।

***

वो कभी रिश्वत नहीं लेता तभी तो,
ज़िन्दगी गुज़री है उस की मुफ़लिसी में।

***

आज मैं इतना समझ पाया हूँ केवल,
ख़ुदकुशी करता है इन्सा बेबसी में।

79. जब मुझे आप की ज़रूरत थी

आप ने तब ही की अदावत थी,
जब मुझे आप की ज़रूरत थी।

***

ज़ख़्म तुम को मिले क्यों काँटों से,
तुम को तो फूलों से शिकायत थी।

***

उस के दिल में पता नहीं क्या था,
मेरे होठों पे बस सदाक़त थी।

***

अपने हिस्से में कुछ नहीं आया,
हर तरफ उन की ही हुकूमत थी।

***

याद वादा मुझे दिला जाते,
भूल जाने की मुझ को आदत थी।

80. तू हौसला न तोड़

दे कर मुसीबतें मेरा तू हौसला न तोड़,
ख़ुशियों से ए ख़ुदा तू मेरा वास्ता न तोड़।

***

ग़ैरों की बात मान के बैठा है क्यों ख़फ़ा,
यूँ यार हम से दोस्ती का सिलसिला न तोड़।

***

ये दाग़ आईने के नहीं चेहरे के हैं बस,
हो कर के तू मायूस ऐसे आईना न तोड़।

***

दुख में किसी की आँख से पानी नहीं गिरे,
आँखों से आँसुओं का ऐसे राब्ता न तोड़।

***

सोता हूँ मैं ये सोच तू आएगी ख़्वाब में,
ख़्वाबों में आने जाने का तू सिलसिला न तोड़।

81. मेरा सामना चाहिए

मुश्किलों से हमें सीखना चाहिए,
क्या है अच्छा बुरा सोचना चाहिए।

***

लफ़्ज़ का ज़ख़्म जल्दी से भरता नहीं,
इसलिए तोल कर बोलना चाहिए।

***

आज तक ख़ुद को मैं ढूँढ़ता ही रहा,
ख़ुद से होना मेरा सामना चाहिए।

***

शायरी करना तुम चाहते हो अगर,
शायरों की तरह सोचना चाहिए।

***

देश के दुश्मनों से हो गर सामना,
है ज़वानी तो ख़ूँ खौलना चाहिए।

82. बेवफ़ा चाँद हुआ था शायद

बेवफ़ा चाँद हुआ था शायद,
दाग़ सूरज पे लगा था शायद।

***

हाल उस का भी बुरा था शायद,
ज़ख़्म अपनों से मिला था शायद।

***

रूम को देख लगा उस को ये,
जाम का दौर चला था शायद।

***

दोष उस को न दो दुनिया वालो,
वक़्त मेरा ही बुरा था शायद।

***

रात भर नींद कहाँ आई थी,
ख़्वाब आँखों में बसा था शायद।

83. कौन है दुनिया में

कौन है दुनिया में जिस को ग़म नहीं,
जो दिया मालिक ने तुझ को कम नहीं।

***

जिस पे रहमत हो ख़ुदा की हर क़दम,
रोक ले उस को किसी में दम नहीं।

***

हो गया कहने को डिजिटल इंडिया,
पर यहाँ चलता कोई सिस्टम नहीं।

***

रात दिन पीते रहें मदिरा को हम,
आदतन मज़बूर इतने हम नहीं।

***

साथ मेरा हर मुसीबत में जो दे,
ऐसा कोई भी मेरा हमदम नहीं।

84. दिन पुराने याद रहते हैं

जवाँ हो कर भी सब को दिन पुराने याद रहते हैं,
सभी को ही तो बचपन के ज़माने याद रहते हैं।

***

हमें मालूम है ये शाम होते लौट आएंगे,
परिंदों को भी अपने आशियाने याद रहते हैं।

***

थी कुछ मज़बूरियाँ जो गाँव से वो शहर में आए,
सभी को गाँव के मौसम सुहाने याद रहते हैं।

***

ग़रीबों की नहीं सूरत कभी पहचानता कोई,
मगर जो आदमी हैं जाने माने याद रहते हैं।

***

तुम्हारी याद आने पे मैं सब कुछ भूल जाता हूँ,
मगर क्या तुम को भी मुझ से दिवाने याद रहते हैं।

85. लौट कर जाना पड़ेगा

क्या मिलेगा तुम को लोगो बेसबब तक़रार से,
दिल सभी के जीत सकते हो फ़क़त तुम प्यार से।

***

बात का उन की बुरा बिल्कुल कभी मत मानिए,
आप को जो डाँटता हो प्यार में अधिकार से।

***

कब तलक दोगे हमें तुम रोटी कपड़ा औ मकाँ,
पूछती है देश की जनता यही सरकार से।

***

आप की चुप्पी न मेरी ज़िन्दगी को छीन ले,
हाल आके पूछ भी लो अपने इस बीमार से।

***

ज़िन्दगी का आख़िरी सोपान यारो मौत है,
लौट कर जाना पड़ेगा सब को इस संसार से।

***

ख़ून के रिश्ते हों या फिर दोस्ती हो प्यार हो,
आदमी अपना पराया बनता है व्यवहार से।

***

तेरी फ़ितरत से 'शिखर' हम तो नहीं अनजान हैं,
साज़िशों की बू है आती तेरे ही क़िरदार से।